Single sucht Frosch

AF066420

Jens Löser · Stefan Wirkus

Single sucht Frosch

So verkaufen Sie sich richtig – 120 Tipps für
den perfekten Flirt

Jens Löser
Berlin, Deutschland

Stefan Wirkus
Hamburg, Deutschland

ISBN 978-3-658-11240-0   ISBN 978-3-658-11241-7 (eBook)
DOI 10.1007/978-3-658-11241-7

Die Deutsche Nationalbibliothek verzeichnet diese Publikation in der Deutschen Nationalbibliografie; detaillierte bibliografische Daten sind im Internet über http://dnb.d-nb.de abrufbar.

© Springer Fachmedien Wiesbaden 2016
Das Werk einschließlich aller seiner Teile ist urheberrechtlich geschützt. Jede Verwertung, die nicht ausdrücklich vom Urheberrechtsgesetz zugelassen ist, bedarf der vorherigen Zustimmung des Verlags. Das gilt insbesondere für Vervielfältigungen, Bearbeitungen, Übersetzungen, Mikroverfilmungen und die Einspeicherung und Verarbeitung in elektronischen Systemen.
Die Wiedergabe von Gebrauchsnamen, Handelsnamen, Warenbezeichnungen usw. in diesem Werk berechtigt auch ohne besondere Kennzeichnung nicht zu der Annahme, dass solche Namen im Sinne der Warenzeichen- und Markenschutz-Gesetzgebung als frei zu betrachten wären und daher von jedermann benutzt werden dürften.
Der Verlag, die Autoren und die Herausgeber gehen davon aus, dass die Angaben und Informationen in diesem Werk zum Zeitpunkt der Veröffentlichung vollständig und korrekt sind. Weder der Verlag noch die Autoren oder die Herausgeber übernehmen, ausdrücklich oder implizit, Gewähr für den Inhalt des Werkes, etwaige Fehler oder Äußerungen.

Lektorat: Manuela Eckstein
Einbandabbildung: Mit freundlicher Genehmigung von © Stefan Wirkus 2016. All rights reserved.

Gedruckt auf säurefreiem und chlorfrei gebleichtem Papier.

Springer Fachmedien Wiesbaden ist Teil der Fachverlagsgruppe Springer Science+Business Media
(www.springer.com)

Inhaltsverzeichnis

Warum ein Buch zum Thema „Sozialakquise"? 1
Bei der Partnersuche verkaufe ich mich doch nicht! Oder? . 2
Gibt es auch Unterschiede? 4
Los geht's! Die fünf Bausteine erfolgreicher Sozialakquise . 6

1. Baustein: Einstellung 9
Bedeutung der Einstellung: Aus mental wird real! 10
„Man sollte mal . . ." 12
„Ich muss heute noch . . ." 14
„Ich habe einfach (kein) Glück!" 16
„Ringe nie mit einem Schwein . . ." 18
„Hast du einen, kriegst du alle. Hast du keinen,
kriegst du keinen." 20
Keiner kauft dich aus Mitleid! 22
Der Versuch macht schon Spaß! 24
„Fremde sind Freunde . . ." 26
„Willst du mein Freund sein?" 28
Im schlimmsten Fall passiert . . . nichts! 30
„Schmerz gehört zum Leben. Ärgern für mich nicht!" 32
Bist du Opfer oder Täter? 34
Entdecke dich selbst! 36
Was ist deine Motivation? 38
Du bist wie ein Muskel! 40
„Morgen gibt's Freibier!" 42
Keine Ausreden mehr! 44

Raus aus der Komfortzone! 46
Traumpartner suchen oder selbst einer werden? 48

2. Baustein: Strategie 51

Wer schießt und danach die Zielscheibe drum herum malt,
trifft immer ins Schwarze! 52
Bevor du weißt, wen du willst, musst du wissen,
was du willst! 54
Was heißt Erfolg in der Akquise? 56
Die Selbstanamnese............................. 58
Stärken stärken, Schwächen organisieren
und gut verpacken 60
Was sind deine Zielmärkte? 62
Aus der Vergangenheit für die Zukunft lernen 64
Tummle dich nicht in der Mitte! 66
One size fits all? 68
Push- oder Pull-Strategie: Wer macht den ersten Schritt? .. 70
Verknappung schafft Bedarf...................... 72
Mehr vom Gleichen als erste Problemlösungsstrategie? ... 74

3. Baustein: Prozesse 77

Welches Jahr haben wir doch gleich? 78
Sei kein Kommissar! 80
Kontakte bringen Kontrakte...................... 82
Step by step 84
Keine Macht dem Zufall! 86
Wichtig oder dringend? 88
Halte deinen Verkaufstrichter immer gefüllt! 90
Dranbleiben! 92
Erstelle Alternativangebote!...................... 94
Keine Zeit? So geht's! 96
Ablenkung lauert an jeder Ecke 98
Sprint and break! 100

Während die Schlauen beraten, stürmen die Dummen
die Burg 102

4. Baustein: Methoden 105

Schaffe Gelegenheiten! 106
Welche Methode entspricht deinen Stärken? 108
Sei kreativer als der Wettbewerb! 110
Welches Hobby teilt Ihr? 112
Huckepack 114
Einfach jemanden ansprechen? Das kann man doch
nicht machen! 116
Es gibt keinen Zufall – nur Schicksal! 118
Mach es dem anderen leicht, dich anzusprechen! 120
Empfehlungsgeschäft – Gleiche kennen Gleiche 122
Starke Marken haben starke Geschichten 124
Trojaner 126
Kleine Geschenke schaffen Freundschaft 128
Telefon – nur Mut! 130
Messen sind Kontaktbörsen 132
Kontaktanzeigen – kein alter Hut! 134
Social Media – nutze das Netz! 136
E-Mail – der Brief des neuen Jahrtausends 138
Was kannst du sonst noch tun? – Befrage den Date Doktor
oder Verkaufstrainer! 140

5. Baustein: Verkaufsgesprächsführung 143

Der Moment der Wahrheit 144
Die Gesprächslandkarte 146
Kleider machen Leute! 148
Den Gesprächspartner scannen 150
Den Wettbewerb unter die Lupe nehmen 152
Das Produkt prüfen 154
Die vier A der Verkaufsgesprächsführung 156
Keine zweite Chance für den ersten Eindruck! 158

Die drei Stufen des Ansprechens 160
Angenehm anders als alle anderen aktiv ansprechen 162
Selbstbewusst auftreten 164
Erst gewinnst du einen Menschen und dann einen Partner . 166
Die LMAA–Formel 168
Interesse bestimmt Wahrnehmung 170
„Du bist gerade der wichtigste Mensch in meinem Leben!" 172
„Schau mir in die Augen, Kleines!" 174
Das Beziehungskonto 176
Pacen & Leaden 178
Die drei goldenen Regeln des Small Talks 180
Entschlüssle und benutze die Codes! 182
Bei der (Sozial-)Akquise ehrlich sein? 184
Willst du Recht haben oder glücklich leben? 186
Problem- oder lösungsorientierter Einstieg? 188
Kleine Wörtchen – große Wirkung 190
Sei ein Musterbrecher! 192
Schaffe gemeinsame Erlebnisse! 194
Aufhänger machen es leichter! 196
Die Meinungsfrage 198
Die Handy-Methode 200
Einbinden und beschäftigen 202
Wende die „Hm-Technik" an! 204
Verkaufen oder kaufen lassen? 206
Anmachen und stehen lassen 208
Der Schamane 210
Berührungen sind Magie! 212
Der Köder soll dem Fisch schmecken, nicht dem Angler! ... 214
Trainiere! 216
Von Casanova lernen 218
Keine Angst vorm Fragen! 220
Die vier Top-Gründe für die Bedarfsanalyse 222
Informationsgewinnung 224
Die Gefühlsebene ansprechen 226
Leidensdruck herausfinden und entwickeln 228
Das Zeitmanagement im Auge behalten 230

Welcher Nutzen wird gekauft?	232
Verkaufen oder ausbilden?	234
Einwandbehandlung	236
Notfalls zurück zur Bedarfsanalyse	238
Abschluss als logische Konsequenz	240
Timing	242
Der Vorabschluss	244
Spiel nicht den Unnahbaren!	246
Trau dich!	248
Quatschabschluss	250
Zu dir oder zu mir?	252
Reflektiere!	254
Wissen ist Macht!	256

Die zehn größten Fehler bei der (Sozial-)Akquise — 259

Fehler Nr. 1: „Mein Haus, mein Auto, mein Boot!"	260
Fehler Nr. 2: Einsam allein	262
Fehler Nr. 3: Verhör oder Monolog	264
Fehler Nr. 4: Langweilen	266
Fehler Nr. 5: „Sorry, hab' keinen Parkplatz gefunden!"	268
Fehler Nr. 6: Lästern	270
Fehler Nr. 7: Unten angreifen	272
Fehler Nr. 8: Sich von äußeren Umständen abhängig machen	274
Fehler Nr. 9: Verführen ohne führen zu wollen	276
Fehler Nr. 10: Nur ans Geld denken	278

Und jetzt? — 281

Kennen – Können – Beherrschen	282

Die Autoren

Jens Löser ist Top-Redner und einer der profiliertesten Experten für Vertrieb in Deutschland, der seit über 15 Jahren in verschiedenen Branchen der Frage nachgeht: „Was machen Top-Verkäufer besser als der Durchschnitt?" Ob neue Ansätze in der Verkaufsarbeit oder inspirierende Gedanken zur Selbstverantwortung für den Vertriebserfolg – jährlich begeistert er viele tausend Teilnehmer und setzt dabei bleibende Impulse. Jens Löser studierte Wirtschaftswissenschaften und Erwachsenenpädagogik und arbeitet seit über 25 Jahren im Vertrieb. Zusammen mit seinem Bruder Thomas gründete der selbstständige Verhaltenstrainer 2002 Löser Consulting als Akademie für Verkauf und Führung.

Heimlicher Flirtexperte ist Jens Löser schon seit seiner Jugend, als Freunde ihn oft beim abendlichen Ausgehen mit den Worten „Jens, mach du mal, du kannst das am besten" losschickten, um Mädchen für sie anzusprechen.

Im Akquisetraining von Verkäufern kombiniert Jens Löser sein Wissen um die Vorgehensweise der Top-Verkäufer und die erfolgreichsten Flirtmethoden. So schickt er die Verkäufer schon mal in die Fußgängerzone oder abends in die Bar los und bringt ihnen durch diese ungewöhnlichen Erlebnisübungen nahe, wie einfach es sein kann, fremde Menschen anzusprechen, wenn man über das Know-how der Top-Verkäufer verfügt. Die Basis dieses Buchs ist Jens Lösers Erlebnisvortrag, in dem er Verkäufern aufzeigt, was sie intuitiv in der Sozialakquise richtig machen und wie sie dies in ihrem Berufsalltag anwenden können.

Mehr Informationen dazu unter www.jensloeser.de.

Stefan Wirkus wirkt mit seinem Zeichentalent auf Symposien und Tagungen und setzt Ergebnisse ins rechte Bild. Stefan Wirkus ist schnell, kreativ und hellwach. Eine blitzschnelle Beobachtungsgabe, ein flinker Stift und ein ebensolches Mundwerk sind sein Arbeitswerkzeug.

Schon in der frühesten Kindheit war Stefan Wirkus glücklich, wenn man ihm ein wenig Papier und viele Stifte gab. Der Weg zum Zeichner war vorgezeichnet; trotzdem nahm er einen Umweg und absolvierte erst noch die Ausbildung zum Bankkaufmann.

Schnell aber war klar: Dabei sollte es nicht bleiben. Die Lust am kreativen Gestalten war viel zu stark und das Talent zum Zeichnen offensichtlich. So machte er sein Diplom als Designer mit der Fachrichtung „Visuelle Kommunikation". Zahlreiche Auszeichnungen folgten prompt, z. B. wurde er mehrmals in Folge für den Deutschen Cartoonpreis nominiert – 2012 erhielt er die begehrte Auszeichnung.

Heute reist Stefan Wirkus von seinem Wahlheimathafen Hamburg aus quer durch Deutschland und wirkt mit seinem Zeichen- und Sprachtalent live bei Symposien und Tagungen als Graphic Recorder und Scribble Speaker. Er ist gern gesehener Gast im TV.

Mehr Infos unter www.wirkus-wirkt.de

Warum ein Buch zum Thema „Sozialakquise"?

Unter „Sozialakquise" verstehen wir das aktive Kennenlernen einer Frau oder eines Mannes, also eines potenzieller. Partners. Dieses Thema beschäftigt so gut wie jeden im Leben mindestens einmal – wobei es jedem selbst überlassen bleibt zu entscheiden, ob es der beste oder der schlechteste Fall ist, wenn es ihn nur einmal im Leben tangiert.[1] In diesem Buch haben wir unser praxiserprobtes Expertenwissen aus dem Vertrieb auf die „Sozialakquise" übertragen.

Branchenübergreifend gibt es immer wiederkehrende Muster: Diese Muster decken wir hier für dich auf und zeigen dir, wie einfach es sein kann, fremde Menschen anzusprechen, wenn man über das entsprechende Know-how der Top-Verkäufer verfügt.

---

[1] Zugunsten der Lesbarkeit wird in diesem Buch in der Regel die neutrale oder nur die männliche Form eines Begriffs aufgeführt. Gemeint sind immer beide Geschlechter.

Abbildungen mit freundlicher Genehmigung von © Stefan Wirkus 2016. All rights reserved.

Bei der Partnersuche verkaufe ich mich doch nicht! Oder?

Es gibt viele Parallelen zwischen dem Verkauf eines Produkts im Vertrieb und der eigenen Person in der Sozialakquise. In beiden Fällen sprichst du jemanden an, findest heraus, was dein Gegenüber interessiert, bietest dein „Produkt" an, kämpfst mit Einwänden, kommst zum Abschluss usw.

Wir wären alle nicht hier, wenn nicht unser Vater oder unsere Mutter ihren Partner „akquiriert" hätten. Zum Glück hat sich einer von beiden getraut und den ersten Schritt gemacht!

Warum ein Buch zum Thema „Sozialakquise"?

Gibt es auch Unterschiede?

Ja, klar! In der Sozialakquise hast du ein einmaliges Produkt. Unvergleichbar weltweit. So ein Alleinstellungsmerkmal hat sonst nur ein Gebrauchtwagenverkäufer. Und irgendwie sind wir in der Sozialakquise ja auch Gebrauchtmenschenverkäufer. In beiden Fällen wird gespachtelt, was das Zeug hält, und gnadenlos bei der Erstzulassung betrogen – von den Parallelen bei Deo und Duftbaum ganz zu schweigen.

Warum ein Buch zum Thema „Sozialakquise"?

Los geht's! Die fünf Bausteine erfolgreicher Sozialakquise

Eine der wichtigsten und einfachsten Regeln in der Akquise lautet: *Erfolg stellt sich ein, wenn du das Richtige richtig oft richtig gut machst!*

Was aber ist das Richtige? Das zeigen unsere fünf Bausteine für den Vertriebserfolg, die als Ergebnis aus unseren Erkenntnissen bei der jahrelangen Zusammenarbeit mit Top-Verkäufern entstanden sind. Die fünf Bausteine sind: Einstellung, Strategie, Prozesse, Methoden, Verkaufsgesprächsführung.

Damit du auch beim Kennenlernen das Richtige richtig oft und richtig gut machst, haben wir unsere fünf Bausteine für dich in diesem Buch auf die Situation von Singles übertragen, die einen Partner gewinnen wollen. Los geht's!

Warum ein Buch zum Thema „Sozialakquise"?

1. Baustein: Einstellung

Es lohnt sich nicht,
über das miese Programm
zu jammern,
wenn einem der Sender gehört!

Abbildungen mit freundlicher Genehmigung von © Stefan Wirkus 2016.
All rights reserved.

Bedeutung der Einstellung: Aus mental wird real!

Top-Verkäufer wissen: Meine eigene Einstellung beeinflusst meine Gefühle und meine Gedanken. Mein Denken wiederum bestimmt mein Handeln und hat damit enormen Einfluss auf meinen Erfolg – Erfolg entsteht im Kopf!

Willst du bessere Ergebnisse bei der Partnersuche erzielen, ist es sinnvoll, zuerst deine Einstellung zu überprüfen. Also übernimm Verantwortung für dein Handeln! Auf den folgenden Seiten findest du Beispiele für negative, aber auch positive Glaubenssätze und wir sagen dir, welche innere Haltung dich weiterbringt.

1. Baustein: Einstellung

„Man sollte mal ..."

„Man sollte mal ..." Moment! Wer ist „man"? Wann ist „mal"? Top-Verkäufer treffen ihre Aussagen nie in der „Man"-Form, denn dadurch würden sie sich von ihrer eigenen Verantwortung distanzieren. Wenn du also jemanden kennenlernen willst, sagst du dir besser Sätze wie: „Ich spreche jetzt jemanden an!"

1. Baustein: Einstellung

„Ich muss heute noch ..."

Wenn ein Top-Verkäufer gefragt wird: „Musst du morgen arbeiten?", antwortet er: „Nein, ich möchte!"

Vermeide die „Muss-Kommunikation", auch wenn du mit dir selbst sprichst. Denn die Muss-Kommunikation bringt Dich in eine Opferrolle. Du entscheidest Dich ganz bewusst dafür, einkaufen zu gehen, jemanden kennenzulernen oder einfach im Bett zu bleiben. Also formuliere es auch so: „Ich möchte jemanden kennenlernen."

„Ich habe einfach (kein) Glück!"

Top-Verkäufer wissen: Unser Gehirn ist eine Lernmaschine. Unsere Gedanken machen aus der Vergangenheit Zukunft. Deshalb identifizieren, hinterfragen und gegebenenfalls ändern Top-Verkäufer ihre Glaubenssätze, wenn sie ihnen im Weg stehen.

Stell dir vor, du siehst in einer Bar deinen Traumpartner. Du denkst: „Den spreche ich an ..., wenn ich ihn das nächste Mal sehe ..." Und es passiert – leider nichts. Zehn solcher Erlebnisse, und es entsteht der Glaubenssatz: „Ich habe einfach kein Glück beim Flirten." Welche Glaubenssätze stehen dir im Weg? Und woher kommen sie? Durchbrich die Routine!

„Ringe nie mit einem Schwein ..."

„... denn ihr beide werdet dreckig. Nur: Das Schwein hat richtig Spaß daran!" Top-Verkäufer wissen: 9,8 von 10 Kunden sind in Ordnung. Bei den anderen 0,2 lohnt sich der Ärger nicht. Sie sind als Kind vielleicht vom Wickeltisch gefallen oder nicht lange genug gestillt worden. Die heile ich jetzt auch nicht mehr.

Dasselbe gilt für deine Flirtpartner. Die wenigen „Schweine" unter ihnen sollten dich nicht aus der Bahn werfen und vor allem nicht darüber bestimmen, wie du über andere Gesprächspartner denkst und mit ihnen umgehst!

1. Baustein: Einstellung **19**

„Hast du einen, kriegst du alle. Hast du keinen, kriegst du keinen."

Wer kennt das nicht: Du hast am 20. des Monats noch nichts verkauft oder immer noch kein Glück bei der Partnersuche? Top-Verkäufer lassen sich davon nicht verunsichern, sondern gehen weiterhin ganz optimistisch und methodisch vor.

Verfalle deshalb also auch du nicht in Hektik, sondern tue einfach weiterhin das Richtige richtig oft und richtig gut. Was das ist, wirst du in den nächsten Kapiteln lernen.

1. Baustein: Einstellung **21**

Keiner kauft dich aus Mitleid!

Top-Verkäufer wissen: Der Kunde kauft nur selten mit den Worten: „Damit Sie überhaupt was verkaufen!"

In der Sozialakquise nimmt dich auch niemand mit den Worten: „Einer muss es ja machen!" Du hast mit dir ein einmaliges Produkt, mit Stärken und Schwächen – wie alle anderen auch. Es ist wichtig, dass du dir deinen Wert bewusst machst, denn ein positives Selbstwertgefühl macht dein Produkt – also dich selbst – um Längen attraktiver.

1. Baustein: Einstellung 23

Der Versuch macht schon Spaß!

Für Top-Verkäufer ist Kaltakquise wie Kindermachen – allein der Versuch macht schon Spaß!

Auch in der Partnersuche gilt: Hab Spaß am Ausprobieren!

1. Baustein: Einstellung 25

„Fremde sind Freunde ..."

„... du kennst sie nur noch nicht!" Nach diesem Motto handeln Top-Verkäufer.

Überleg doch mal selbst: Wie würdest du reagieren, wenn du von einem Fremden angesprochen wirst? Der Andere ist vielleicht äußerlich nicht ganz dein Typ, aber wenn er charmant und witzig ist? Mach dir bewusst, dass dein Traumpartner einfach ein Mensch ist, genau wie du. Hab keine Angst davor, ihn anzusprechen und kennenzulernen!

1. Baustein: Einstellung

„Willst du mein Freund sein?"

Top-Verkäufer haben es nicht vergessen. Als Kind hieß es zuerst: „Darf ich mitspielen?" Dann: „Willst du mein Freund sein?" Und später: „Willst du mit mir gehen?" Als Kind haben die meisten von uns ohne viel nachzudenken und ganz ohne Hemmungen andere angesprochen.

Also trau dich, glaub an dich! Du kannst es, denn du hast es vermutlich als Kind schon oft gemacht!

1. Baustein: Einstellung

Im schlimmsten Fall passiert ... nichts!

Top-Verkäufer wissen: Wenn sie einen potenziellen Kunden ansprechen, passiert im allerschlimmsten Fall: *Nichts*!

Denk daran: Du kannst nichts verlieren, nur gewinnen, wenn du deinen Angebeteten ansprichst. Nicht dein Partner ist der andere schon!

„Schmerz gehört zum Leben. Ärgern für mich nicht!"

Rückschläge gehören zum Leben dazu. Die Frage ist, wie wir damit umgehen. Top-Verkäufer denken positiv, wenn es mit der Akquise mal nicht klappt, denn gerade aus Misserfolgen kann man immer etwas lernen!

Versuch dich also nicht lange zu ärgern und nimm's sportlich, wenn du mal eine Abfuhr kassierst. Anstatt dich lange zu grämen, überleg dir lieber, was du beim nächsten Mal noch besser machen kannst.

1. Baustein: Einstellung

Bist du Opfer oder Täter?

Top-Verkäufer sehen sich als Täter, niemals als Opfer!

Bist du selbst eher ein Opfer der Umstände oder kannst du Einfluss auf dein Schicksal nehmen? Wie nimmst du dich selbst wahr? Wenn du dich als Opfer siehst, ist ein Perspektivenwechsel angesagt. Nur ein Täter kann seine Chancen erkennen und nutzen.

Beginne damit, Selbstverantwortung zu übernehmen, denn wie wir schon gesehen haben: Deine eigene Einstellung ist der Schlüssel zum Erfolg!

Entdecke dich selbst!

Top-Verkäufer erfinden sich täglich neu. Sie wissen um die Energie, die in ihnen steckt.

Also suche nicht im Außen, was du nur im Innern finden kannst, sondern geh aus dir heraus, liebe und zeige dich!

1. Baustein: Einstellung

Was ist deine Motivation?

Ein Top-Verkäufer beschäftigt sich nicht mit der Akquise, weil der Verkaufsleiter droht, sondern aus seiner eigenen Motivation heraus.

Was ist deine Motivation? Wenn du dich nur deshalb mit der Sozialakquise beschäftigst, weil Mutti meint: „Zeit, dass du ausziehst!", dann wird der Erfolg noch sehr lange auf sich warten lassen. Mache dir klar, was deine Motivation ist, denn sie wird einen gewaltigen Einfluss auf deinen Erfolg bei der Partnersuche haben!

Du bist wie ein Muskel!

Top-Verkäufer wissen: Übung macht den Meister! Entweder du trainierst oder du wirst schwächer.

Durch regelmäßiges Üben wirst du selbstsicherer und kannst immer überzeugender auftreten. Nutze also jede Gelegenheit, die sich dir bietet, für einen kleinen Flirt.

„Morgen gibt's Freibier!"

… stand auf einem Schild überm Tresen in einer kleinen Kneipe. Der Wirt war clever – vielleicht sogar ein Top-Verkäufer. Zumindest musste er so niemals einen ausgeben, denn „morgen" ist der einzige Tag, der in unserem Leben niemals stattfinden wird!

Denke dran: Wir leben jetzt! Verschiebe deine Aktivitäten also nicht ständig auf die Zukunft, sondern beginne jetzt sofort damit, Selbstverantwortung zu übernehmen, und mach dich ans Werk. Dann klappt es auch mit der Partnersuche.

1. Baustein: Einstellung **43**

Keine Ausreden mehr!

Top-Verkäufer wissen: Die beste Zeit für die Akquise ist jedes Jahr vom 1. Januar bis zum 31. Dezember – also immer! Den vier Feinden der Akquise – Frühling (Regen), Sommer (Hitze), Herbst (Dunkelheit) und Winter (Kälte) – überlassen sie keinen Raum.

Auch für die Sozialakquise gilt: Keine Ausreden mehr! Sei stark und nimm deine Partnersuche einfach ganz beherzt in die Hand!

Raus aus der Komfortzone!

Top-Verkäufer fordern sich ständig selbst heraus und haben keine Angst davor, etwas Neues auszuprobieren. Denn sie wissen: Veränderung ist die Grundlage von Entwicklung.

Doch die Macht der Gewohnheit ist äußerst stark. Neues auszuprobieren bringt oft Stress mit sich. Und bei Stress suchen wir Ruhe und Entspannung. Wo finden die meisten Menschen Ruhe und Entspannung? Zu Hause, weil sie wissen, was sie dort erwartet. Doch Bekanntes ist wiederum das Gegenteil von Veränderung! Versuche, aus deiner Komfortzone auszubrechen! Du kannst jeden Tag üben, indem du etwas tust, was für dich eine kleine Herausforderung darstellt.

1. Baustein: Einstellung

Traumpartner suchen oder selbst einer werden?

Top-Verkäufer wissen, dass sie keinen Kunden zum Kauf zwingen können, und versuchen daher, selbst ein Traumgeschäftspartner zu werden.

Die meisten Menschen haben genaueste Vorstellungen davon, was ihr Traumpartner alles bieten muss. Aber bist du selbst auch ein Traumpartner? Und was tust du, um einer zu werden?

2. Baustein: Strategie

Wer keinen Plan hat,
hat keinen Plan!

Abbildungen mit freundlicher Genehmigung von © Stefan Wirkus 2016.
All rights reserved.

Wer schießt und danach die Zielscheibe drum herum malt, trifft immer ins Schwarze!

Top-Verkäufer entwickeln eine Strategie für ihr Vorgehen, denn Bewegung ohne Ziel ist sinnlos.

Die meisten suchen aus einer gewissen Verzweiflung heraus schnell nach neuen Kunden oder potenziellen Partnern, ohne einen Plan gemacht zu haben. Das funktioniert oft nicht. Lerne von den Top-Verkäufern und entwickle deine persönliche Strategie! Setze dir Ziele, plane deine Aktivitäten, deine Ressourcen und vor allem deine Zeit.

Bevor du weißt, wen du willst, musst du wissen, was du willst!

Top-Verkäufer wissen, was sie wollen, denn das ist die Grundlage für eine erfolgreiche Strategie und deren Umsetzung.

Auch in der Sozialakquise gilt: Mach dir klar, was du eigentlich erreichen willst. Willst du zum Beispiel nur einen One-Night-Stand oder lieber zum Standesamt? Formuliere deine persönlichen Ziele!

2. Baustein: Strategie **55**

Was heißt Erfolg in der Akquise?

Top-Verkäufer wissen: Das Ziel der Verkaufsakquise ist in erster Linie, Kunden kennenzulernen – nicht zwingend gleich der Verkauf. Akquise ist der Beginn eines Betreuungsprozesses, an dessen Ende der Abschluss steht.

Dasselbe gilt auch für die Sozialakquise. Setze dir daher ein Minimal- und ein Maximalziel. Das Minimalziel beim ersten Date könnte beispielsweise sein, einen guten Eindruck zu hinterlassen. Maximal könnte sich auch noch viel mehr ergeben ...

2. Baustein: Strategie 57

Die Selbstanamnese

Top-Verkäufer analysieren ihre Stärken und Schwächen durch Selbstanamnese, Markt- und Wettbewerbsbeobachtung und Kundenbefragungen. Auf den Ergebnissen bauen sie ihre Strategie auf.

Was unterscheidet dich von deinem Wettbewerb? Bist du schöner, hast du vielleicht mehr Erfahrung oder bessere Referenzen? Frag deinen Ex-Partner, warum er gerne mit dir zusammen war. Schau in den Spiegel. Dadurch wirst du zwar nicht attraktiver, lernst aber deine Stärken und Schwächen besser einschätzen!

Stärken stärken, Schwächen organisieren und gut verpacken

Top-Verkäufer wissen: Sie haben nicht nur Stärken. Was sie gut können, ist, ihre Stärken zu stärken und ihre Schwächen zu schwächen.

Einer unserer Bekannten wohnt mit Mitte 30 noch bei seiner Mutter. Das hört sich bei der Partnersuche ziemlich abschreckend an, oder? Deshalb formuliert er es immer anders herum: „Ich habe meine Mutter bei mir wohnen. Ihr verdanke ich doch mein Leben!" Das kommt bei den Objekten seiner Begierde gleich ganz anders an.

Was sind deine Zielmärkte?

Es ist auf allen Märkten das Gleiche: Ungefähr 20 Prozent der potenziellen Kunden sind attraktiv, 60 Prozent sind Mittelmaß und 20 Prozent wünscht man lieber dem Wettbewerb. Anstatt sich mit dem Mittelmaß oder den unteren 20 Prozent zufrieden zu geben, stürzen sich Top-Verkäufer auf die 20 Prozent der Attraktiven oder suchen sich weitere Märkte, auf denen sie akquirieren können.

Die meisten Singles fischen nur in dem ihnen bekannten Markt. Freundeskreis und Arbeitskollegen haben sicher den Vorteil, dass sich schnell gemeinsame Themen finden lassen – diese sind aber oft auch schnell abgegrast. Welche neuen Märkte kannst du bearbeiten?

2. Baustein: Strategie

Aus der Vergangenheit für die Zukunft lernen

Top-Verkäufer erstellen aus ihren Erfahrungen heraus ein Idealkundenprofil als Basis für die Identifizierung ihrer Zielkunden.

Die meisten von uns hatten ja schon mal einen Partner. Mit wem hattest du die beste Zeit oder das beste Ergebnis? Welche Eigenschaften hatten diese Partner? Und welche nicht? Definiere dein ideales „Beuteraster"!

2. Baustein: Strategie

Tummle dich nicht in der Mitte!

Top-Verkäufer wissen genau, wofür ihr Produkt steht, warum es besonders ist und was es von der Konkurrenz abhebt. Sie stellen den einzigartigen Verkaufsvorteil (USP = Unique Selling Proposition) heraus und entwickeln so ein einzigartiges Angebot.

Bei der Sozialakquise bist du selbst das Produkt, und die gute Nachricht ist: Du bist absolut einzigartig! Entwickle aus deiner Einzigartigkeit dein individuelles Angebot mit Alleinstellungsmerkmal.

One size fits all?

Top-Verkäufer wissen: Es gibt kein Patentrezept dafür, ob oder wie ihre Angebote bei Kunden und Interessenten zünden. Aber es gibt einen Weg, wie man es garantiert nicht tut, und das ist: Das Gleiche für alle!

Du wirst sehen, auch bei der Partnersuche wirst du viel mehr Erfolg haben, wenn du bereit bist, dein Angebot ganz individuell auf deinen Traumpartner anzupassen.

Push- oder Pull-Strategie: Wer macht den ersten Schritt?

Top-Verkäufer beantworten die Frage nach der Push- oder Pull-Strategie, also die Frage, wer den ersten Schritt machen soll, nicht pauschal, sondern situativ.

Welche Variante du in der Sozialakquise wählst, hängt stark von der Attraktivität deines Angebots und dem Anspruch deiner Zielgruppe ab. Brad Pitt zieht beispielsweise mehr Menschen an, als er jemals ansprechen könnte. Es könnte aber auch sein, dass er bei Angelina Jolie den ersten Schritt selbst machen musste.

2. Baustein: Strategie 71

Verknappung schafft Bedarf

Top-Verkäufer wissen um die Bedeutung des Sprichworts „Willst du was gelten, mach dich selten!" Deshalb positionieren sie sich gegenüber ihren Kunden als erfolgreicher Verkäufer, der immer gut ausgelastet ist.

In der Sozialakquise solltest du dir ebenfalls die Frage stellen: Wie interessant ist jemand, der immer Zeit hat? Zeit ist unser allerknappstes Gut, also verhalte dich auch so!

Mehr vom Gleichen als erste Problemlösungsstrategie?

Wir tun im Leben Dinge, die uns voranbringen, und Dinge, die uns nicht voranbringen. Top-Verkäufer überprüfen, was wozu gehört und ändern bei Bedarf ihre Strategie!

Wenn du jemanden kennenlernen willst, vergewissere dich also zuerst, dass du das Richtige tust, bevor du es richtig oft tust.

2. Baustein: Strategie **75**

3. Baustein: Prozesse

Das Wichtige,
nicht das Dringende tun!

Abbildungen mit freundlicher Genehmigung von © Stefan Wirkus 2016. All rights reserved.

Welches Jahr haben wir doch gleich?

Viele Leute finden eine To-do-Liste vom Vorjahr und denken: „Die ist ja noch brandaktuell!" – Top-Verkäufern passiert das nicht. Sie sind so erfolgreich, weil sie konkrete Prozesse und Aktivitäten definieren und diese konsequent umsetzen.

Wenn du jedes Jahr dieselben Vorsätze hast, aber sie bisher nicht umsetzen konntest, dann helfen dir Prozesse, ins Handeln zu kommen. Denn Prozesse unterstützen deine Motivation.

Sei kein Kommissar!

Top-Verkäufer sind aktiv, sie sind keine Kommissare. Denn ein Kommissar muss zur Aufnahme seiner beruflichen Tätigkeit zwingend auf Impulse aus seinem „Markt" warten. Er ermittelt nicht gegen dich, wenn dein Partner noch lebt.

Verkaufen und flirten sind im Gegensatz dazu aktivitätsorientierte Tätigkeiten. Warte also nicht, bis etwas passiert, sondern starte selbst Aktionen im „Markt"!

Kontakte bringen Kontrakte

Top-Verkäufer knüpfen Kontakte! Dies ist eine der wichtigsten Botschaften überhaupt, denn wer zu Hause bleibt und auf der Couch liegt, lernt doch maximal den Briefträger näher kennen.

Dabei sollte auch in der Sozialakquise im ersten Schritt Quantität vor Qualität gehen. Sonst kommst du vor lauter theoretischer Überlegungen gar nicht zum Handeln. Es muss nicht gleich das Gießkannenprinzip sein, aber alles auf eine Karte zu setzen geht nicht nur im Kasino schief!

Step by step

Top-Verkäufer wissen: Viele kleine Dates führen in vielen kleinen Schritten zum Erfolg. Im Verkauf wirken solche kleinen Dates, wie etwa ein Messe- oder Veranstaltungsbesuch mit dem Kunden, oft Wunder und festigen die Kundenbeziehung.

Deshalb gilt auch bei der Partnersuche: Zeige Präsenz und gelange mit System „step by step" zum Erfolg!

3. Baustein: Prozesse

Keine Macht dem Zufall!

Top-Verkäufer sind bereit, wenn das Glück vorbeikommt. Sie überlassen beim Kontakt mit einem potenziellen neuen Kunden nichts dem Zufall. Wenn ihr Top-Kunde ins Unternehmen kommt, ist das gesamte Team vom Pförtner bis zur Kantine darauf vorbereitet.

Auch auf den Kontakt mit deinem Traumpartner solltest du dich gut vorbereiten und gewappnet sein! Sonst passiert das, was Verkäufer oft fürchten: Der Ärger beginnt, wenn der Kunde ja sagt ...

3. Baustein: Prozesse **87**

Wichtig oder dringend?

Akquise ist immer wichtig, aber niemals dringend. Deshalb verschieben viele Verkäufer sie gerne – doch Top-Verkäufer tun das niemals. Weil sowieso immer keine Zeit ist, planen Top-Verkäufer ihre Akquise und legen dann sofort los!

Wie lange willst du schon jemanden kennenlernen? Am besten schaffst du dir einen definierten Akquisitionsprozess und ein gutes Zeitmanagement – plane dein Vorgehen! Sonst wirst du nur sporadisch beginnen, weil immer etwas anderes gerade dringender ist.

3. Baustein: Prozesse

Halte deinen Verkaufstrichter immer gefüllt!

Top-Verkäufer haben immer eine bestimmte Anzahl von Interessenten in jeder Phase des Verkaufsprozesses. Zwar wird nicht aus jedem Interessenten ein Kunde, aber Top-Verkäufer wissen um ihre Erfolgsquoten und arbeiten laufend an diesen!

Auch in der Sozialakquise solltest du nicht alles auf eine Karte setzen, sondern deinen „Flirttrichter" immer gefüllt halten!

Dranbleiben!

Und hier die große Chance des Profis! Die meisten lassen sich zu schnell entmutigen, wenn gerade kein Bedarf besteht. Nicht aber die Top-Verkäufer! Sie bleiben mit ihren Interessenten in Kontakt.

Jeder kennt diese Geschichten: Jahrelang ist er abgeblitzt. Aber er ist drangeblieben, hat in düsteren Stunden zugehört, sich selbst attraktiv, aber unaufdringlich gegeben ... und eines Tages sind sie ein Paar! Was lernen wir daraus? Dranbleiben lohnt sich! Bleib mit kleinen „Lebenszeichen" in Kontakt, ohne zu aufdringlich zu werden.

Erstelle Alternativangebote!

Top-Verkäufer wissen um die Bedeutung eines systematischen Angebotsmanagements. Sie führen Vorangebotsgespräche, erstellen Alternativangebote und fassen Angebote nach. Sie geben ihrem Kunden das Gefühl, dass er selbst entscheidet.

Gib deinem potenziellen Partner auch in der Sozialakquise das Gefühl, dass er sich entscheiden kann – natürlich nur zwischen deinen Alternativen!

3. Baustein: Prozesse 95

Keine Zeit? So geht's!

Top-Verkäufer legen nicht Prioritäten für die Dinge fest, die in ihrem Terminplan stehen, sondern setzen Termine für ihre Prioritäten!

Keine Zeit ist immer, und wenn immer keine Zeit ist, kannst du auch sofort anfangen. Also frage dich: Wie wichtig ist dir deine Sozialakquise? Hat sie für dich Priorität?

Ablenkung lauert an jeder Ecke

Im Fernsehen läuft ein anspruchsvolles Programm: Talkshows mit Inhalten wie „Mein Hund hat drei Beine, und wenn er pinkelt, landet er auf dem Hintern!" und gleich danach „Hilfe, mein Nachbar wohnt neben mir!" und so weiter und so fort. Top-Verkäufer lassen sich von so etwas nicht ablenken.

Daher gilt auch für dich, wenn du jemanden kennenlernen willst: Lass den Quatsch sein! Du hast Wichtigeres zu tun!

Sprint and break!

Konsequent arbeiten und konsequent entspannen heißt die Devise der Top-Verkäufer!

Versuche, auch wenn du jemanden kennenlernen willst, nicht immer alles zu geben. Denn durch permanentes Joggen, ständiges Außer-Atem- und Immer-knapp-dran-sein wirst du niemals ankommen! Nimm dir zwischendurch Zeit für dich selbst, um dich zu sammeln. Denn das Image desjenigen, der „immer auf der Suche" ist, ist nicht das allerbeste!

Während die Schlauen beraten, stürmen die Dummen die Burg

Top-Verkäufer wissen: Wer immer erst auf hundertprozentig valide Daten wartet, verpasst leider oft die sich bietende Gelegenheit. Zögern schürt Zweifel und intellektuelle Ausreden – Experten sprechen von „analytischer Lähmung".

Natürlich ist es wichtig, dass du nichts überstürzt, sondern gezielt und methodisch vorgehst. Aber verliere dich bei der Planung nicht in Details, sonst läufst du Gefahr, die besten Chancen zu verpassen.

4. Baustein: Methoden

Viele Wege führen zum Ziel.

Abbildungen mit freundlicher Genehmigung von © Stefan Wirkus 2016.
All rights reserved.

Schaffe Gelegenheiten!

Top-Verkäufer schaffen Gelegenheiten, um mit ihrer Zielgruppe in Kontakt zu kommen.

Wenn du privat jemanden kennen lernen möchtest, gilt das Gleiche. Du musst Methoden kennen, um diese Gelegenheiten zu schaffen. Wo und wie kommst du in Kontakt mit deiner Zielgruppe?

Welche Methode entspricht deinen Stärken?

Die meisten Verkäufer kennen die vielen Methoden der Kundenansprache nicht. Das ist schade, denn es gibt viele spannende und Erfolg versprechende Varianten. Auch Top-Verkäufer haben nicht nur Stärken. Sie wählen aber eine Methode aus, die ihren Stärken entspricht.

Am besten, du wählst für die Sozialakquise ein oder zwei Methoden aus, die zu deinen Stärken passen, und beginnst damit. Wenn deine Stärke beispielsweise eher in der Kommunikation als im Aussehen liegt, kannst du auch im Internet Erfolg haben, indem du einer neuen Bekanntschaft erst einmal Gedichte schreibst. Dank Photoshop kannst du deine Errungenschaft dann über Wochen langsam an die Realität heranführen.

4. Baustein: Methoden **109**

Sei kreativer als der Wettbewerb!

Top-Verkäufer sind sehr kreativ bei der Auswahl ihrer Methoden der Kundenansprache.

Seit Nick Hornby in „About a Boy" den Besuch von Kinderspielplätzen als Methode der Partnersuche populär gemacht hat, trifft man dort oft mehr Partnersuchende als Kinderbetreuende! An welchen ausgefallenen Orten kannst du nach einem Kunden oder Partner Ausschau halten? Womit kannst du dein Gegenüber beeindrucken? Werde kreativ!

4. Baustein: Methoden

Welches Hobby teilt Ihr?

Top-Verkäufer wissen: Gleiche Interessen machen den Start in eine Beziehung einfacher.

Wenn du gerne liest, gehst du am besten in eine Bibliothek oder Buchhandlung, denn dort findest du Menschen, die mehr lesen als nur den Videotext. Die Wahrscheinlichkeit, dort jemanden zu treffen, der dein Interesse an Literatur teilt, ist ungleich höher als beispielsweise in der Techno-Disco. Raucher treffen sich am Raucherplatz, Sportler beim Sport. Welches Hobby teilst du mit deinem Traumpartner?

4. Baustein: Methoden **113**

Huckepack

Bei der Huckepack-Methode stellen sich Top-Verkäufer diese Frage: „Wer kann mich ‚Huckepack' zu meiner Zielgruppe bringen?" Oder: „Wer hat Kontakt zu meiner Zielgruppe oder kann diesen schnell herstellen und mich dann einfach mitnehmen?"

Angenommen, du bist kommunikationsstark, gehörst aber von der Erscheinung her eher zum Durchschnitt. Dann lass dich von einem attraktiven Freund zur Sozialakquise mitnehmen. Dadurch kommst du leichter mit potenziellen Partnern ins Gespräch, und von da an bist du ja in Deinem Element!

Einfach jemanden ansprechen?
Das kann man doch nicht machen!

Top-Verkäufer haben keine Scheu, wenn sich von selbst einmal eine Gelegenheit bietet, einfach einen Kunden anzusprechen.

Also einfach jemanden in der Schlange im Supermarkt ansprechen? Hättest du selbst etwas dagegen? Vermutlich nicht! Auch dein Gegenüber freut sich in der Regel über die unerwartete Aufmerksamkeit.

Es gibt keinen Zufall – nur Schicksal!

Top-Verkäufer wissen über die Macht des Ansprechens, das nicht wie Ansprechen aussieht. Sie lassen ihre Kunden in dem Glauben, dass ihr Kennenlernen durch „Zufall" stattfindet.

Also, wenn dir das nächste Mal im Baumarkt dein Traumpartner begegnet, dann remple ihn doch einfach mal ganz leicht mit dem Einkaufswagen an …

4. Baustein: Methoden **119**

Mach es dem anderen leicht, dich anzusprechen!

Top-Verkäufer setzen sich in Szene, denn sie wissen, dass es wichtig ist, sich von der Masse zu unterscheiden und wahrgenommen zu werden. Wer angesprochen werden will, muss interessant wirken!

In der Sozialakquise ist es genauso: Zeige, dass es dich und dein Produkt gibt! Wie Hannibal Lecter es schon formulierte: „Wir begehren, was wir sehen!" Also verstecke dich nicht, sondern geh aus dir heraus! Dabei geht es nicht ums Gefallen, sondern darum, aufzufallen. Denn das baut dem anderen eine Brücke und bringt ihn vielleicht dazu, dich anzusprechen!

Empfehlungsgeschäft – Gleiche kennen Gleiche

Top-Verkäufer wissen: Hundebesitzer kennen Hundebesitzer, junge Eltern kennen junge Eltern, Zahnärzte kennen Zahnärzte!

Wenn du Menschen von dir begeistert hast, solltest du sie nach Empfehlungen fragen. Dann ist diese Empfehlungsfrage vielleicht eine Brücke zu deinem neuen Partner.

Starke Marken haben starke Geschichten

Ein starkes Entrée beim Kunden ist oft schon die halbe Miete. Das machen sich Top-Verkäufer zunutze. Sätze wie „Der Löser ist in der Stadt. Der Experte für …" oder eine interessante Anekdote aus dem (Arbeits-)Leben eignen sich hervorragend.

Wer kann dich deiner neuen Flamme als wertvollen Kontakt ankündigen? Sorge dafür, dass deine Freunde starke Sachen über dich erzählen – versorge sie regelmäßig mit Inhalten!

4. Baustein: Methoden **125**

Trojaner

Die Methode „Trojaner" kennen wir alle aus Angeboten wie „Wintercheck für Ihr Auto – 19,99 €!" Top-Verkäufer wissen: Das ist zwar nicht kostendeckend, bringt aber den Autofahrer dazu, das Autohaus zu betreten. Das Autohaus bekommt die Kunden- und Fahrzeugdaten und kann den Kunden gezielt betreuen.

Wie kann dein Angebot in der Sozialakquise aussehen? Kannst du deinem Traumpartner das Tanzen beibringen? Babysitten? Bei der Diplomarbeit helfen? Lass dir was einfallen!

4. Baustein: Methoden **127**

Kleine Geschenke schaffen Freundschaft

Top-Verkäufer setzen gezielt kleine Geschenke oder andere Aufmerksamkeiten bei der Kundenakquise ein.

Versuch das mal, wenn du jemanden kennen lernen möchtest. Auch schöne Geschichten oder eine Einladung, die positive Emotionen weckt, eignen sich hervorragend. Danach fällt es euch beiden leichter, den nächsten Schritt zu gehen.

Telefon – nur Mut!

Top-Verkäufer wissen: Wer ein Telefon besitzt, möchte angerufen werden. Sie recherchieren einfach die Telefonnummer des potenziellen Kunden und rufen schnurstracks an.

Das funktioniert auch bei der Sozialakquise. Es erfordert Mut, doch den Mutigen gehört der Erfolg. Das Telefon kann deine Schlagzahl bei Kontakten enorm erhöhen – und du bekommst obendrein noch ein direktes Feedback.

4. Baustein: Methoden 131

TELEFONNUMMER BEKOMMEN

Messen sind Kontaktbörsen

Top-Verkäufer wissen: Messen sind die Single-Partys der Wirtschaft! Nirgends treffen Angebot und Nachfrage so komprimiert aufeinander wie auf Messen.

Auch für die Sozialakquise sind Messen vielversprechende Locations, da in der Regel sowohl die Aussteller als auch die Besucher dort aufgeschlossen für neue Bekanntschaften sind. Es muss ja nicht gleich die Erotikmesse „Venus" sein. Für welche Themen interessiert sich deine Zielgruppe?

Kontaktanzeigen – kein alter Hut!

Top-Verkäufer nutzen die Kontaktanzeige der Wirtschaft – sie heißt Werbung. Werbung stellt das Produkt attraktiv dar.

Für beide Arten von Gesuchen gilt daher: Keine Verzweiflungsanzeige schalten! Besser, du schlägst einen Ton à la „Glückliche Seele sucht ..." an!

Social Media – nutze das Netz!

Top-Verkäufer haben längst erkannt, welches Potenzial dahinter steckt: Social Media ist die persönlichste Art der Kontaktaufnahme im Internet und bietet gute Möglichkeiten der Vorselektion!

Für die Ansprache deines Partners gibt es sogar spezielle Plattformen im Internet. Wer sich hier anmeldet, hat Bedarf an einem Produkt wie deinem.

4. Baustein: Methoden **137**

E-Mail – der Brief des neuen Jahrtausends

Top-Verkäufer schreiben auch einfach mal eine E-Mail an ihre Kunden. Worauf es dabei ankommt, ist, keine „Nullachtfünfzehn-", sondern individuelle und empfängerorientierte E-Mails zu schreiben. Eben genau wie bei der persönlichen Ansprache!

Auch in der Sozialakquise gilt: Nicht erst seit „e-m@il für Dich" mit Meg Ryan und Tom Hanks sind die elektronischen Nachrichten ein Klassiker der Kontaktaufnahme. Alternative für Musterbrecher: Besitzt du noch ein Faxgerät?

4. Baustein: Methoden   **139**

Was kannst du sonst noch tun? – Befrage den Date Doktor oder Verkaufstrainer!

Top-Verkäufer suchen sich, wenn alles schiefläuft, Hilfe beim Verkaufscoach.

Wenn dein Blick in den Spiegel ernüchternd ist und keine Methode dich weiterbringt, kannst du auch professionelle Hilfe vom Date Doktor annehmen!

4. Baustein: Methoden 141

5. Baustein: Verkaufsgesprächsführung

Mehr als „anhauen, umhauen, abhauen"!

Abbildungen mit freundlicher Genehmigung von © Stefan Wirkus 2016. All rights reserved.

Der Moment der Wahrheit

Gute Vorbereitung, gutes Ergebnis. Schlechte Vorbereitung, schlechtes Ergebnis. Das wissen Top-Verkäufer aus ihrer Vertriebspraxis.

Nun fehlt nur noch die Vorbereitung auf das Gespräch an sich, und dann geht's endlich richtig los! Dann kommt der Moment der Wahrheit, und es zeigt sich im Flirt, wie gut deine Vorbereitung ist.

5. Baustein: Verkaufsgesprächsführung

Die Gesprächslandkarte

Wenn du ein Ziel erreichen möchtest und den Weg nicht kennst, benötigst du eine Landkarte. Top-Verkäufer wissen, dass es bei einem Gesprächsziel nicht anders ist: Was will man eigentlich sagen, was könnte der Kunde erwidern, welche Einwände könnten kommen ...

Auch in der Sozialakquise kannst du zur Vorbereitung mehr tun, als nur vorzuglühen mit Discomusik. Entwickle deine Gesprächslandkarte! Insgesamt musst du auf vier Dinge vorbereitet sein:

- auf dich selbst
- auf dein Produkt
- auf deinen Gesprächspartner
- auf den Wettbewerb

5. Baustein: Verkaufsgesprächsführung 147

Kleider machen Leute!

Für den Top-Verkäufer gilt: Jeder Kundentermin ist ein Date. Du wirst morgen so empfangen, wie du heute aussiehst. Also auch, wenn du noch nicht so erfolgreich bist, solltest du auf jeden Fall so rüberkommen!

Genauso steht vor dem ersten Date also nicht die Frage, *ob* du duschen solltest, sondern *wie oft*! Du ziehst deine besten Klamotten an und denkst beim Blick in die Unterhose besser nicht „Ach, die geht noch mal ... "!

5. Baustein: Verkaufsgesprächsführung

Den Gesprächspartner scannen

Top-Verkäufer wissen: Es ist wichtig, im Vorfeld so viele Informationen wie möglich über den Gesprächspartner zu sammeln. Nicht nur Interessen und Vorlieben des Gegenübers sind wichtig, sondern beispielsweise auch das Soziogramm. Denn oft herrschen auf Seiten des Kunden komplexe Entscheiderstrukturen.

Bei deiner Flamme gibt es vielleicht den besten Freund, die Mutter ... Diese Strukturen solltest du (er)kennen und nutzen!

5. Baustein: Verkaufsgesprächsführung

Den Wettbewerb unter die Lupe nehmen

Top-Verkäufer arbeiten nach dem Motto: Du kannst nur den Gegner schlagen, den du kennst!

In der Strategie hast du dich mit deinen eigenen Stärken und Schwächen beschäftigt, jetzt ist es an der Zeit, die Stärken und Schwächen deiner Nebenbuhler kennenzulernen, zu analysieren und dir zunutze zu machen.

5. Baustein: Verkaufsgesprächsführung 153

Das Produkt prüfen

Top-Verkäufer sind sich darüber im Klaren, dass ihr Kunde im Gespräch immer irgendwann den Kompetenz-Check macht.

In der Sozialakquise bist du selbst das Produkt. Deshalb war es so wichtig, dass du dich mit deinen Stärken und Schwächen auseinandersetzt. Sei dir dieser bewusst, damit du mit deinen Stärken punkten und souverän mit deinen Schwächen umgehen kannst! Denn auch hier wird dein Gegenüber checken, ob das Angebot stimmig ist!

5. Baustein: Verkaufsgesprächsführung

Die vier A
der Verkaufsgesprächsführung

Top-Verkäufer wissen: Alle Akquisegespräche haben mit den vier A ein ähnliches Grundmuster. Klar, gibt es Ausnahmen, doch wer sich an Ausnahmen orientiert, ist seltener erfolgreich. Natürlich lassen sich die vier A auch auf die Sozialakquise übertragen:

- Aktivieren: Begrüßen, Beziehung aufbauen, Interesse wecken.
- Analysieren: Was weiß und will der andere? Wie kannst du dir diese Informationen zunutze machen?
- Anbieten: Welchen Nutzen bieten du und dein Produkt?
- Abschließen: Sich zu unterhalten ist der Weg, Kennenlernen ist das Ziel.

5. Baustein: Verkaufsgesprächsführung

Keine zweite Chance für den ersten Eindruck!

Wann entsteht im Gespräch eine Beziehungsebene? Schon im ersten Augenblick! Für Top-Verkäufer ist daher die Gesprächseröffnung extrem wichtig.

Also lege auch bei der Ansprache deines Traumpartners reichlich Wert auf einen guten Einstieg, denn du hast keine zweite Chance für den ersten Eindruck!

Die drei Stufen des Ansprechens

Erfolgreiche Verkäufer beherrschen den „Dreischritt" der Ansprache: ansehen – anlächeln – ansprechen.

In der Sozialakquise funktioniert es genauso. Durch diesen Dreischritt holst du dir mehrmals ein „Ja" ab: Du siehst den anderen an, er sieht dich an, du lächelst – der andere lächelt zurück ... und los geht's!

5. Baustein: Verkaufsgesprächsführung

Angenehm anders als alle anderen aktiv ansprechen

Top-Verkäufer sind sich der drei Kriterien erfolgreicher Ansprache bewusst:

- Sie muss zu dir passen!
- Sie muss zu deinem Gesprächspartner passen!
- Sie muss zur Situation passen!

Für einen erfolgreichen Flirt wähle deine Worte am besten ebenfalls gemäß dieser Kriterien aus!

Selbstbewusst auftreten

Top-Verkäufer sind sich der Wirkung ihrer Körpersprache bewusst, schon allein deshalb, weil der erste Eindruck oft ein visueller ist.

Deshalb, auch beim Flirten:

- Körperhaltung: Spannung halten, aber nicht verkrampfen!
- Blickkontakt: Ansehen, nicht anstarren!
- Stimme: Fest und laut!

Erst gewinnst du einen Menschen und dann einen Partner

Top-Verkäufer wissen: Der rein rational entscheidende Mensch existiert nicht. Nach dem Verkaufsgespräch sollte sich der Kunde besser fühlen als vorher. Denn je mehr positive Gefühle entstehen, desto höher ist die Wahrscheinlichkeit, dass er „anbeißt".

Auch dein Flirtpartner zieht nach dem Kontakt mit dir unwillkürlich eine Gefühlsbilanz – und wenn er sich nicht besser fühlt als vor dem Flirt, dann war es vermutlich das letzte Date! Also sprich nicht die ganze Zeit über Probleme, sondern über Lösungen oder bring den anderen zum Lachen. Lachen ist der schnellste Weg zu einer positiven Beziehungsebene!

Die LMAA–Formel

Top-Verkäufer wissen: LMAA bedeutet nicht „Leck xxxx xx xxxxx!", sondern „Lächle mehr als andere!"

Lächeln setzt ein positives soziales Signal, das gilt für Kunden wie für Flirtpartner. Es wirkt wie eine Einladung zur Kommunikation. Zudem werden beim Lächeln viel weniger Muskeln angespannt als bei einem grimmigen Gesicht – nämlich zwölf statt 64. Weshalb also sich unnötig mehr Arbeit machen?

5. Baustein: Verkaufsgesprächsführung 169

Interesse bestimmt Wahrnehmung

Top-Verkäufer machen sich zunutze, dass unser Interesse unsere Wahrnehmung bestimmt. Wenn man sich beispielsweise für ein neues Auto interessiert, erscheint das Auto auf einmal viel öfter im Straßenbild als zuvor. Es ist zwar nicht wirklich häufiger vorhanden, aber der Fokus der eigenen Wahrnehmung hat sich darauf gerichtet.

Dieser Zusammenhang lässt sich auch auf Gespräche übertragen: Finde einen positiven Einstieg in den Flirt, der das Interesse deines Gegenübers, dich näher kennenzulernen, weckt. Dann sucht dein Gesprächspartner automatisch weitere positive Aspekte an dir.

5. Baustein: Verkaufsgesprächsführung

„Du bist gerade der wichtigste Mensch in meinem Leben!"

Top-Verkäufer verstehen es, ihrem Kunden das Gefühl zu geben, er sei gerade der wichtigste Mensch in ihrem Leben.

Fokussiere dich auch beim Flirt auf dein Gegenüber und schaue nicht permanent links und rechts über seine Schulter, ob da eventuell noch besseres „Material" vorbeikommt.

5. Baustein: Verkaufsgesprächsführung

„Schau mir in die Augen, Kleines!"

Studien haben ergeben: Top-Verkäufer sehen ihren Kunden häufig in die Augen. Verliebte sehen sich während eines Gespräches ca. 75 Prozent der Zeit an, normale Gesprächspartner dagegen nur ca. 30 bis 60 Prozent. Wenn du jemanden lange ansiehst, wird sein Gehirn dies mit dem Gefühl des Verliebtseins verbinden!

Mach dir diese Erkenntnis beim Flirten zunutze. Aber bitte: An*sehen*, nicht an*starren*!

5. Baustein: Verkaufsgesprächsführung

Das Beziehungskonto

Top-Verkäufer wissen: Das Leben ist Geben und Nehmen, genau in dieser Reihenfolge!

Mach dir bewusst: Jede Kommunikation mit deinem potenziellen Partner ist ein Ein- oder Auszahlungsvorgang auf euer Beziehungskonto! Wenn du später abheben möchtest, musst du vorher einzahlen.

5. Baustein: Verkaufsgesprächsführung 177

Pacen & Leaden

Top-Verkäufer passen ihre Verhaltensweise bewusst an das Verhalten ihres Gegenübers an (Pacing). Der Kunde ist dann im Gespräch eher dazu bereit, sich zu einem bestimmten Ergebnis hinführen zu lassen (Leading).

Das Pacing funktioniert auch beim Flirt, zum Beispiel über die Körpersprache: Wenn du deinen Angebeteten körpersprachlich spiegelst, führt dies dank unserer Spiegelneuronen zu Sympathie, und es entsteht Vertrauen. Probier's aus!

Die drei goldenen Regeln des Small Talks

Mach es wie die Top-Verkäufer und halte dich an die drei goldenen Small-Talk-Regeln:

- Vermeide bestimmte Themen im Small Talk, wie beispielsweise Religion oder Politik.
- Wähle die Themen entsprechend dem Stand des Kennenlernens aus – oder willst du schon nach 20 Sekunden wissen, welche gesundheitlichen Gebrechen die Großmutter deines Gegenübers hat?
- Verteile den Redeanteil zu einem Drittel auf dich selbst und zu zwei Dritteln auf deinen Gesprächspartner.

Entschlüssle und benutze die Codes!

Top-Verkäufer verstehen die Sprache ihrer Kunden und stellen sich dementsprechend auf sie ein.

Auch bei der Sozialakquise ist es wichtig, dass du die Sprache deiner Zielgruppe kennst. Was heißt denn zum Beispiel in der Kontaktanzeige BBB oder RRR?

5. Baustein: Verkaufsgesprächsführung 183

Bei der (Sozial-)Akquise ehrlich sein?

Top-Verkäufer wissen: Alles Gesagte sollte wahr sein, denn der Kunde kommt schnell dahinter, wenn der Schein trügt.

Du musst aber natürlich nicht alles sagen, was wahr ist! Auch in der Sozialakquise gilt: Aussagen wie „Ich pupse öfters beim Sex!" kannst du getrost erst einmal für dich behalten.

Willst du Recht haben oder glücklich leben?

Top-Verkäufer wissen: Das Motto „Lieber habe ich einen Konflikt mit dir als mit mir" ist nicht verkaufsfördernd. Denn einen Streit mit dem Kunden kann man nicht gewinnen.

Willst du Recht haben oder deinen Traumpartner kennenlernen? Diese Frage solltest du dir erst einmal beantworten. Danach ist im Leben vieles leichter!

5. Baustein: Verkaufsgesprächsführung

Problem- oder lösungsorientierter Einstieg?

Top-Verkäufer sagen nie: „Das geht nicht!", sondern stattdessen: „Danke für diese Herausforderung!"

„Du könntest mal zum Friseur gehen!" oder „Tolle Haare, da kannst du bestimmt eine Menge unterschiedlicher Frisuren tragen." – Was ist besser? Die beiden Sätze könnten dieselbe Aussage transportieren und kommen dabei doch so unterschiedlich bei deinem Gesprächspartner an!

5. Baustein: Verkaufsgesprächsführung **189**

Kleine Wörtchen – große Wirkung

Top-Verkäuferwissen: „Die Lüge steht vor dem ‚aber'" …

„Ich liebe meinen Schatz, aber er nervt." Oder: „Mein Schatz nervt, aber ich liebe ihn." Was ist die Botschaft im ersten, was im zweiten Satz? Achte also auch beim Flirten auf deine Worte – auch auf die kleinen!

5. Baustein: Verkaufsgesprächsführung **191**

Sei ein Musterbrecher!

Das Motto von Top-Verkäufern lautet: Öfters mal etwas anders machen!

Der personifizierte Durchschnitt – also durchschnittlich alt, schwer und dabei durchschnittlich leidenschaftlich sein – kommt selten besonders gut an! Sei ein Musterbrecher, durchbrich das Reiz-Reaktionsmuster in der Ansprache. Denn wer macht, was alle machen, wird auch nur bekommen, was alle bekommen.

Schaffe gemeinsame Erlebnisse!

Top-Verkäufer wissen um die Bedeutung von gemeinsamen Erlebnissen mit ihren Kunden.

Was tust du, um die neue „Flamme" kennenzulernen? Sie zum Essen einladen? – Toll. Es geht aber auch anders: Du bist zum Beispiel sportlich und suchst einen sportlichen Partner? Dann könntet ihr beim ersten Date gemeinsam Sport treiben. Die Wahrscheinlichkeit, sich zu verlieben, steigt mit dem Dopaminspiegel. Ihr habt Spaß und Thrill beim ersten Date und ein gemeinsames Erlebnis, das zusammenschweißt. Und du siehst auch gleich noch, was du bekommst und ob sich der ganze Aufwand lohnt.

Aufhänger machen es leichter!

Top-Verkäufer nutzen kreative Aufhänger für die Ansprache von Fremden. Solche Aufhänger sorgen für einen ungezwungenen Gesprächseinstieg und helfen dabei, die eigene Unsicherheit zu überwinden.

Zum Beispiel ist das Kreuzworträtsel ein tolles Ansprachemedium in der U-Bahn. Es muss ja nicht so plump sein wie „griechischer Gott der Liebe mit vier Buchstaben?"!

5. Baustein: Verkaufsgesprächsführung

Die Meinungsfrage

Top-Verkäufer fragen ihre potenziellen Kunden nach deren Meinung, zum Beispiel zu einem Thema, das die Branche gerade bewegt.

Auch bei der Sozialakquise gilt: Der direkte Weg „Du gefällst mir, komm mit!" funktioniert nur, wenn du Brad Pitt oder Angelina Jolie bist oder wenigstens so aussiehst. Falls nicht, ist der indirekte Weg erfolgversprechender, also jemanden anzusprechen, ohne dass es sich nach Ansprechen anfühlt. Zum Beispiel mit einer Meinungsfrage: „Wer lügt häufiger – Männer oder Frauen?"

5. Baustein: Verkaufsgesprächsführung

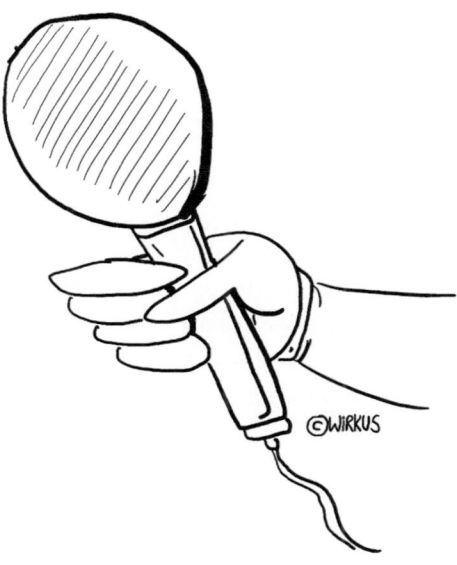

Die Handy-Methode

Top-Verkäufer wissen, wie wichtig es ist, ihren Kunden die Visitenkarte zu geben und das eigene Handy einzuschalten.

Bei der Sozialakquise kannst du sogar noch einen Schritt weiter gehen: Überrasche deinen potenziellen Partner, indem du ihm beispielsweise dein eigenes Handy mit den Worten „Ich ruf dich an" in die Hand drückst. Gerne auch mit einer SMS deines Ex-Partners drauf, dass er noch nie in einer Beziehung so viel körperliche Erfüllung erlebt hat wie mit dir.

Einbinden und beschäftigen

„Guten Tag, ich habe heute ein ganz besonderes Angebot für Sie!" So würde ein Top-Verkäufer nie einen Kunden begrüßen. Eine gute Form der Ansprache ist eine Frage, denn diese beschäftigt den Gesprächspartner.

Ebenso wenig ist es Sinn stiftend, auf solch plumpe Weise eine Dame oder einen netten Herrn in der Bar anzusprechen. Binde stattdessen den anderen ein, beschäftige ihn. Am besten, du nutzt etwas Überraschendes. Denn Irritation führt zu Reaktion!

Wende die „Hm-Technik" an!

Top-Verkäufer wissen um die Bedeutung des aktiven Zuhörens für die Beziehungsebene. Aktives Zuhören ist die zentrale kommunikative Fähigkeit auf der Empfängerseite.

Besinne dich auch beim Flirten auf die „Hm-Technik" oder gib in regelmäßigen Abständen Grunzlaute von dir und verfalle nicht der Versuchung, in Sätzen zu antworten, die mit „Ich" beginnen!

Verkaufen oder kaufen lassen?

Top-Verkäufer wissen: Menschen wollen lieber aktiv einkaufen, als sich etwas passiv verkaufen zu lassen. Der Schlüssel zur Aktivierung ist die Fragetechnik, der Schlüssel zur „Passivierung" die Sagetechnik!

Stelle auch deinem Flirtpartner ganz bewusst die richtigen Fragen, um ihn zu aktivieren.

5. Baustein: Verkaufsgesprächsführung

Anmachen und stehen lassen

Top-Verkäufer nutzen die Salattechnik der Ansprache: „Das wäre schon ganz interessant, aber leider können wir dieses Jahr keine Aufträge mehr annehmen."

Bei der Sozialakquise ist der Klassiker unter den provokativen Ansprachen: „Du bist wirklich hübsch, aber irgendwie nicht mein Typ" oder „... aber leider zu klein". So weckst du den Ehrgeiz im anderen. Das ist ein äußerst Erfolg versprechender Ansatz!

Der Schamane

Top-Verkäufer wissen gerade in unsicheren Zeiten um den Wunsch ihrer Kunden, sich von ihnen Fragen zur Zukunft beantworten zu lassen.

Lies zum Beispiel deinem Flirt aus der Hand: „Es gibt eine Gegend in der Mitte deines Rückens, die du schlecht erreichst, wenn es da mal juckt." Oder: „Du hast eine dunkle Seite. Du beißt Schokoladenosterhäschen immer zuerst den Kopf ab!" Das ist Expertenstatus gepaart mit Humor – unschlagbar!

5. Baustein: Verkaufsgesprächsführung   **211**

Berührungen sind Magie!

Erfolgreiche Verkäufer nehmen Tuchfühlung mit ihren Kunden auf, jedoch ohne sie dabei zu bedrängen. Sie schaffen Berührungspunkte, ohne den Kunden zu belästigen.

Zu Beginn eines Flirts trauen sich viele Menschen nicht, ihren potenziellen Partner zu berühren, und je länger der Abend dauert, umso größer wird die Hemmschwelle. Aber ohne vorherige Berührung später zum Kuss zu kommen, ist ein großer, manchmal unmöglicher Schritt!

Der Köder soll dem Fisch schmecken, nicht dem Angler!

„Du sollst andere behandeln, wie du selbst gern behandelt werden möchtest!" Das trifft höchstens bei Umgangsformen zu, nicht aber bei erfolgreicher Kommunikation. Top-Verkäufer arbeiten stattdessen nach dem Motto: „Du sollst *andere* behandeln, wie *sie* gern behandelt werden möchten!"

Auch bei der Sozialakquise gilt: Nur weil du selbst auf Small Talk stehst, muss der andere das noch lange nicht mögen. Du hast dich auf deinen Gesprächspartner gut vorbereitet und wirst gleich noch sehen, wie du ihn im Gespräch weiter analysieren kannst. Nutze deine Informationen!

Trainiere!

Top-Verkäufer trainieren neue Gesprächstechniken zunächst mit ihren B- und C-Kunden.

Ganz ähnlich funktioniert das auch bei der Sozialakquise: Bevor du deinen Traumpartner ansprichst, trainiere die zwanglose Kommunikation mit allen möglichen fremden Menschen – auf der Straße, an der Bushaltestelle, im Café ...

Von Casanova lernen

Top-Verkäufer halten sich an Casanova, einen der ersten Verfechter der Bedarfsanalyse.

Casanova sagte: „Wenn ich eine Frau verführen möchte, ist der Schlüssel dazu, herauszufinden, was sie heute noch in ihrem Leben vermisst." Denn er wusste schon: Erst kommt die Bedarfsanalyse, sonst gibt's später keine Produktpräsentation!

5. Baustein: Verkaufsgesprächsführung

Keine Angst vorm Fragen!

Top-Verkäufer wissen: Menschen antworten auf ihre Fragen. Denn darauf wurden wir schon in unserer Kindheit konditioniert. Wenn dein Gegenüber als Kind beschlossen hätte, nicht auf die Fragen der Eltern zu antworten, was wäre ihm dann passiert? Die normalen Eskalationsstufen sind Fernsehverbot, Keller, Heim.

Du musst keine Angst haben, Fragen zu stellen, um deinen Gesprächspartner zu analysieren.

5. Baustein: Verkaufsgesprächsführung 221

Die vier Top-Gründe für die Bedarfsanalyse

Top-Verkäufer wissen: Sie haben zwei Ohren, aber nur einen Mund – und das ist kein Zufall, sondern ein Hinweis von Mutter Natur: Du solltest doppelt so viel zuhören wie erzählen.

Auch bei der Sozialakquise solltest du die vier wichtigsten Gründe für die Bedarfsanalyse kennen:

- Informationsgewinnung: Was weiß und was will der andere?
- Gefühlsebene ansprechen: Wie tickt der andere und wie kannst du dir das zunutze machen?
- Leidensdruck herausfinden und eventuell entwickeln: Wo hat der andere seinen Schmerz?
- Zeitmanagement: Ist es die richtige Person zur richtigen Zeit?

5. Baustein: Verkaufsgesprächsführung

Informationsgewinnung

Top-Verkäufer säen Fragen, um Informationen zu ernten. So können sie ihr Angebot ganz zielgerichtet auf ihre Kunden zuschneiden.

- „Weshalb interessierst du dich für ...?"
- „Was bedeutet ... für dich ...?"
- „Weshalb ist gerade ... wichtig für dich?"
- Und so weiter.

Höre nie auf zu fragen, nachzufragen, zu hinterfragen! Finde heraus, wie dein Gegenüber tickt und welche Interessen er oder sie hat, dann kannst du mit deinem Angebot leicht einen Volltreffer landen.

Die Gefühlsebene ansprechen

Top-Verkäufer wissen, wen die meisten Menschen am liebsten reden hören: sich selbst! Sie versuchen daher, ihre Kunden durch gezielte, analytische Fragen zum Reden zu bringen und so deren Gefühlsebene anzusprechen.

Versuche, auch beim Flirten durch geschickte Fragen herauszufinden, was dein Gegenüber gerade will. Dann kannst du auch darauf eingehen und ihm das Gefühl vermitteln, wirklich verstanden zu werden.

Leidensdruck herausfinden und entwickeln

Oft ist der größte Feind des Verkäufers nicht ein Wettbewerber, sondern der geringe Leidensdruck beim Kunden! Deshalb sind Top-Verkäufer wie Aspirin-Verkäufer: Sie bereiten ihren Kunden durch gezielte Fragen zunächst ganz bewusst fiese Kopfschmerzen, um ihnen danach die Lösung ihres Problems anzubieten.

Bei der Sozialakquise wäre es zum Beispiel möglich, dass dein Gesprächspartner durch deine Fragen entdeckt, wie langweilig ein Sommerurlaub allein am Strand werden könnte ...

5. Baustein: Verkaufsgesprächsführung 229

Das Zeitmanagement im Auge behalten

Top-Verkäufer wissen: Man kann seine Zeit kaum schlechter verbringen als mit einem langen Gespräch mit einem Kunden, der aktuell keinen Bedarf hat. Deshalb stellen sie Bedarfsfragen.

Was nützt dir für die Partnersuche das tollste Gespräch an der Bar mit jemandem, der aktuell selbst nicht auf der Suche ist – sprich: keinen Bedarf hat? Analytische Fragen schaffen Klarheit!

Welcher Nutzen wird gekauft?

Top-Verkäufer wissen: Menschen kaufen nicht, was das Produkt *ist*, sondern was es für sie *tut*! Sie benutzen dafür die „Du-Form" statt der „Ich-Form", denn Nutzen-Kommunikation ist immer „Du-Kommunikation"!

Es gibt so viel über dich zu erzählen und der Erklärbär in dir will das auch gerne tun. Wer nur von sich selbst erzählt, wird sein Gegenüber aber kaum für sich begeistern können. Geh auf deinen Flirtpartner ein: Welchen Nutzen bringt das Zusammensein mit dir?

5. Baustein: Verkaufsgesprächsführung

Verkaufen oder ausbilden?

Top-Verkäufer wissen: Wir leben sowieso schon in einer „Zuvielisation" und stellen daher nur ein bis zwei besondere Merkmale in den Mittelpunkt, anstatt ihre Kunden gleich über alle positiven Eigenschaften des Produkts aufzuklären. Sie wollen schließlich verkaufen und niemanden ausbilden, damit er morgen bei ihnen anfangen kann!

Menschen sind in dieser Phase des Flirts oft sehr engagiert, sind bei ihrem Thema, präsentieren aus vollem Herzen, ja viele erkranken sogar an Sprechdurchfall! Pass also auf, dass aus dem Dialog kein Monolog wird.

5. Baustein: Verkaufsgesprächsführung 235

Einwandbehandlung

Top-Verkäufer wissen: Einwandbehandlung ist Pflicht, weil man sonst seinen Gesprächspartner indirekt beleidigt in dem Sinne: „Du bist es nicht wert, dass ich mich für dich wirklich ins Zeug lege!"

Wiederhole doch bei der Partnersuche fragend den Einwand deines Traumpartners und schiebe eine W-Frage hinterher: „Du hast schon einen Freund? Was hältst du von einem besseren?"

5. Baustein: Verkaufsgesprächsführung 237

Notfalls zurück zur Bedarfsanalyse

Top-Verkäufer wissen: Ein Einwand ist ein Hilfeschrei des Kunden: „Ich habe noch nicht verstanden, was das Produkt für mich tut." Viele Einwände haben ihre Ursache in einer schwachen Bedarfsanalyse und sind ein Hinweis darauf, dass diese verbessert werden sollte.

Wenn das nächste Mal ein potenzieller Partner sagt: „Das interessiert mich nicht", probier's doch einfach mal mit: „Was interessiert dich denn?"

Abschluss als logische Konsequenz

Top-Verkäufer wissen: Wenn du vorher vieles richtig gemacht hast, dann wirst du auch eine gute Abschlussquote haben!

Am Ende eines Flirts willst du vermutlich ein weiteres Date in Aussicht haben. Es gibt zwar verschiedene Abschlusstechniken, aber du solltest dir im Klaren darüber sein, dass diese dich nur retten können, wenn das Gespräch bis hierhin erfreulich war!

5. Baustein: Verkaufsgesprächsführung   **241**

Timing

Top-Verkäufer wissen, wie wichtig es ist, den richtigen Zeitpunkt für den Abschluss zu finden. Wenn man zu früh abschließen möchte, wird die Beziehungsebene leiden, wenn man zu spät dran ist, ist der Gesprächspartner schon weg. Es gilt also, auf die Abschlusssignale des Gegenübers zu achten!

Auch bei der Sozialakquise klingt es beispielsweise nicht besonders Erfolg versprechend, deinem Partner gleich beim zweiten Date einen unterschriebenen Ehevertrag in die Hand zu drücken.

Der Vorabschluss

Top-Verkäufer suchen den Vorabschluss. Sie fragen den Kunden zum Beispiel, ob er denn kauft, wenn das Angebot sein Problem löst.

Ist nach dem ersten Flirt ein weiteres Date drin? Du kannst schon mal vorfühlen, indem du einen kleinen Location-Wechsel, etwa in eine andere Bar, vorschlägst. Das wirkt wie ein weiteres kleines Date und bringt vorab Klarheit – kommt dein Flirtpartner mit?

Spiel nicht den Unnahbaren!

Top-Verkäufer wissen, wann sie ihrem Kunden sagen sollten, dass sie ihn lieben – bevor es ein anderer tut!

Diese Weisheit gilt auch für die Partnersuche: Spiele nicht zu lange den Unnahbaren, sondern zeig deine Zuneigung!

5. Baustein: Verkaufsgesprächsführung

Trau dich!

Top-Verkäufer wissen: Gerade beim Abschluss muss die Einstellung stimmen! Der fehlende Versuch von Verkäufern, nicht nur zu beraten, sondern auch abzuschließen, hat in Deutschland mehr Umsatz vernichtet als die letzten drei Rezessionen zusammen.

Außerdem hat der fehlende Mumm sicher auch seinen Beitrag zum Demografie-Problem in Deutschland geleistet. Also los, trau dich einfach mal, nach einem weiteren Date zu fragen!

5. Baustein: Verkaufsgesprächsführung

Quatschabschluss

Top-Verkäufer fragen ganz klar nach dem Abschluss. Eine Abschlusstechnik, die es nicht gibt, die aber oft angewendet wird, ist der Quatschabschluss: Labern, bis der andere einen Hörsturz erleidet – und ab dann noch 'ne halbe Stunde!

Zerrede den Abschluss nicht! Das gilt auch bei der Sozialakquise. Frage ganz direkt nach einem weiteren Date.

5. Baustein: Verkaufsgesprächsführung

Zu dir oder zu mir?

Top-Verkäufer überlassen es nicht dem Zufall, wo das Abschlussgespräch stattfindet.

Wo sollte dein nächstes Date stattfinden? In deinem eigenen Umfeld fühlst du dich sicher. Und vielleicht kannst du mit deinen Möbeln beeindrucken. Aber: Dein Gegenüber kann aufstehen und gehen. Wenn du Standing hast, dann triffst du dich besser bei deinem Flirtpartner zu Hause. Du erfährst durch die Wohnung des anderen viel über ihn und hast die Möglichkeit, selbst zu gehen.

5. Baustein: Verkaufsgesprächsführung

Reflektiere!

Was hat funktioniert? Was nicht? Was kannst du beim nächsten Mal anders, besser machen? Es geht nicht um Schuld, sondern um Verantwortung! Top-Verkäufer holen sich zum Beispiel Feedback von ihren Kunden und nutzen zur Analyse den „Verkaufstrichter": Mit wie vielen Interessenten mussten sie sprechen, um einen neuen Kunden zu erhalten? In welchen Phasen lief es ganz geschmeidig, und wann bekamen sie eine Abfuhr?

Mach dir klar: Man muss viele Frösche küssen, damit am Ende ein Prinz herauskommt. Es heißt also: Situation reflektieren, eigenes Verhalten überprüfen und eventuell korrigieren.

5. Baustein: Verkaufsgesprächsführung 255

Wissen ist Macht!

Top-Verkäufer halten die Informationen über ihre Kunden und Interessenten schriftlich fest.

Für die Sozialakquise muss es ja nicht gleich eine CRM-Datenbank sein! Wichtige Informationen aus Gesprächen solltest du dennoch am besten schriftlich festhalten. Was war dem anderen bei einer Beziehung wichtig? Welches Hobby hat er?

Die zehn größten Fehler bei der (Sozial-)Akquise

Man muss nicht jeden Fehler selbst machen!

Abbildungen mit freundlicher Genehmigung von © Stefan Wirkus 2016. All rights reserved.

Fehler Nr. 1: „Mein Haus, mein Auto, mein Boot!"

Top-Verkäufer wissen: Die Grenzen von Selbstbewusstsein und Prahlen verlaufen fließend. Sie müssen nicht an jeder Ecke den Supermann raushängen lassen, sondern gestehen sich auch Fehler ein und zeigen ihren Erfolg nur auf dezente Weise.

Auch beim Flirten gilt: Niemand besitzt gleichzeitig exzellente Fähigkeiten beim Tanzen, Witze erzählen und in höherer Algebra. Der Reiz kann stattdessen auch im Eingestehen von kleinen Schwächen liegen.

Fehler Nr. 2: Einsam allein

Top-Verkäufer machen nicht den Fehler, immer alles auf eigene Faust erledigen zu wollen. Sie wissen: Niemand ist allein erfolgreich, selbst Wölfe jagen im Rudel!

Auch am Samstagabend in der Disco kann gelten: Zwei Schwache machen zusammen einen Starken. Zu zweit könnt ihr euch gegenseitig unterstützen, euch Tipps geben, euch auch an größere Herden heranwagen ...

Die zehn größten Fehler bei der (Sozial-)Akquise

Fehler Nr. 3: Verhör oder Monolog

Top-Verkäufer begehen nicht den Fehler, das Kennenlern-Gespräch als Verhör oder als Monolog zu gestalten, sondern stimmen ihre Kommunikation auf die jeweilige Situation und die Bedürfnisse des Kunden ab.

Auch bei der Sozialakquise ist der Flirt ein Tanz mit Worten. Du solltest die besten weiblichen und männlichen kommunikativen Eigenschaften in dir vereinen: in der Analyse gut zuhören können und ergebnisorientiert abschließen.

Die zehn größten Fehler bei der (Sozial-)Akquise

Fehler Nr. 4: Langweilen

Top-Verkäufer wissen: Langweilen statt Spannung zu erzeugen ist der Tod jedes Kennenlernens. Der Alltag der Kundenbeziehung kommt noch schnell genug. Gemeinsame Aktivitäten, wie beispielsweise der Besuch eines Fußballspiels oder selbst eine Werksbesichtigung wirken oft Wunder.

Auch beim Flirten gilt: Vermittle Leichtigkeit und Freude und nimm das Spiel der Verführung nicht zu „ernst".

Fehler Nr. 5: „Sorry, hab' keinen Parkplatz gefunden!"

Top-Verkäufer wissen: Pünktlichkeit ist gelebte Anerkennung.

Den Traumpartner warten zu lassen, weil der Hund die Schuhe gegessen oder dein Rechner abgestürzt ist, macht einen schlechten Eindruck. Nicht wenige Menschen fühlen sich respektlos behandelt, wenn du sie zu lange warten lässt, und werden dir das nicht so schnell verzeihen.

Fehler Nr. 6: Lästern

Top-Verkäufer wissen: Lästern ist ein Laster. Sie sprechen daher niemals schlecht über ihre Ex-Kunden.

„Mein Ex hat mich belogen und betrogen ... " Solch ein Satz ist ein absolutes No-Go. Wer will schon gleich beim ersten Date erfahren, wie und woran deine letzte Beziehung gescheitert ist?

Fehler Nr. 7: Unten angreifen

Top-Verkäufer greifen oben an! Sie haben im Gegensatz zu vielen durchschnittlichen Verkäufern keine Angst davor, direkt die Entscheider anzusprechen. Denn bei Entscheidern richtet sich das Budget nach deren Entscheidung, bei allen anderen richtet sich die Entscheidung nach dem Budget.

Mach auch bei der Sozialakquise nicht den Fehler, dich nicht an deinen Traumpartner heranzutrauen. Viele wählen beim Flirten lieber einen Partner, der leicht unterhalb ihres Niveaus liegt. Ergebnis: Die Attraktivsten bleiben oft allein. Eigentlich schade!

Die zehn größten Fehler bei der (Sozial-)Akquise

Fehler Nr. 8: Sich von äußeren Umständen abhängig machen

Top-Verkäufer machen sich nicht zu sehr von äußeren Umständen abhängig. Sie wissen: Wenn dir eine schwarze Katze über den Weg läuft, dann ist es nicht wichtig, ob sie von rechts oder von links kommt, sondern, ob du „Mann oder Maus" bist.

Auch beim Flirten gilt: Überlasse nicht dem Astro-Experten in dir die Entscheidung. Stemple den anderen nicht gleich als egoistisch und selbstverliebt ab, nur weil er ein „Löwe" ist und sein Aszendent den Charakterzug womöglich auch noch bestätigt.

Die zehn größten Fehler bei der (Sozial-)Akquise

Fehler Nr. 9: Verführen ohne führen zu wollen

Top-Verkäufern ist klar: Kunden wissen oft, was sie wollen, aber nicht, was sie brauchen. Sie wollen deshalb auch geführt werden. Und zwar von jemandem, der ihnen gegenüber eine partnerschaftliche Grundeinstellung und einen Plan besitzt. Also nehmen sie die Dinge selbst in die Hand, machen Angebote und riskieren dabei auch mal etwas.

Begehe auch bei einem Date niemals den Fehler, auf die Frage „Und, was wollen wir unternehmen?" nur mit einem hilflosen Schulterzucken zu antworten oder mit einem lakonischen „Na, sag du was!".

Fehler Nr. 10: Nur ans Geld denken

Top-Verkäufer wissen: Aus Gedanken werden Worte. Deshalb kreisen ihre Gedanken in erster Linie nicht um ihren eigenen Erfolg, sondern um den ihrer Kunden. Sie wissen, dass sie, wenn sie ihre Kunden erfolgreich machen, auch selbst erfolgreich sein werden.

Zügle auch bei der Sozialakquise den Buchhalter in dir und verschrecke dein Date nicht mit Fragen nach seinem Verdienst oder dem monatlichen Klamotten-Budget.

Die zehn größten Fehler bei der (Sozial-)Akquise

Und jetzt?

Übung macht den Meister!

Abbildungen mit freundlicher Genehmigung von © Stefan Wirkus 2016. All rights reserved.

Kennen – Können – Beherrschen

Autofahren, Verkaufen oder Liebe machen – Lernen verläuft immer in drei Schritten: kennen, können und beherrschen. Wenn du das erste Mal einen nackten Mann oder eine nackte Frau siehst, sagst du: „Kenne ich. Klasse, alles da – wie im Heft!"

Wie kommst du dazu, etwas zu können?

1. Üben
2. Üben
3. Üben
4. ...

Und wie schaffst du es, etwas zu beherrschen?

1. Üben
2. Ü... – am besten mit verschiedenen Partnern!

Und wenn du es schaffst, wegen deiner Fähigkeiten weiterempfohlen zu werden ...

Und jetzt? **283**

MIX
Papier aus verantwortungsvollen Quellen
Paper from responsible sources
FSC® C105338

If you have any concerns about our products,
you can contact us on
ProductSafety@springernature.com

In case Publisher is established outside the EU,
the EU authorized representative is:
**Springer Nature Customer Service Center GmbH
Europaplatz 3, 69115 Heidelberg, Germany**

Printed by Libri Plureos GmbH
in Hamburg, Germany